Veronika Räß

Lebensfroh. ... und zwar so.

Nimm jeden Tag einen kleinen Schritt und mach dich auf den Weg zu mehr Lebensfreude.

Lebensfroh. ... und zwar so.

50 schnelle Wege zu mehr Lebensfreude

Veronika Räß

Lebensfroh. ... und zwar so.
50 schnelle Wege zu mehr Lebensfreude
Veronika Räß

Verlag: Veronika Räß, Holzländestrasse 3, 93047 Regensburg, info@abitofcolor.de

Druck: epubli ein Service der neopubli GmbH, Berlin

Printed in Germany

Vorwort

Dieses Buch soll dir Impuls und Inspiration für den Alltag sein. Es führt dich in kleinen Schritten zu mehr Lebensfreude und einem wacheren, positiveren Blick auf dein Leben. Du kannst das kleine Coaching-Buch am Morgen und auch zwischendurch aufschlagen – irgendwo – und dir die Seite als Impuls für den Tag nehmen. Unter jedem Impuls findest du eine Aufgabe, die dir helfen soll, das Gelesene noch zu vertiefen und leicht ins Tun zu kommen. Die Impulse sind aus den Bereichen ***SelbstBEWUSSTSEIN, SelbstLIEBE*** *und* ***SelbstVERANTWORTUNG****. Lebensfreude hat für mich viel mit Selbstverantwortung zu tun, dem eigenen Handeln und Denken, und dem Übernehmen von Verantwortung dafür. Dazu darf zunächst eine Bewusstheit für die eigenen Gedanken und Gefühle und schließlich auch das Tun entstehen. Sich dabei mit viel Liebe anzunehmen, geduldig mit sich zu sein, und den inneren Kritiker immer häufiger zum Schweigen zu bringen, ist der Dreh- und Wendepunkt. Ein Leben mit mehr Lebensfreude, Glück und Erfolg ist Übungssache. Ich glaube, dass wir uns nach und nach zu einem Leben mit mehr Freude und Begeisterung „hintrainieren“ können. Deshalb habe ich dieses Buch mit* ***50 schnellen Wegen zu mehr Lebensfreude*** *geschrieben.*

Alles Liebe, Veronika Räß

Regensburg, im August 2016

*Selbst***BEWUSSTSEIN**

„Du kannst nur das geben, was du in dir trägst."

Indisches Sprichwort

Du kannst nur geben, was du schon hast.

... oder anders herum: „Du kannst nichts geben, was du nicht hast." Das ist wohl eine der wichtigsten Aussagen, die uns begleiten darf. Denn du kannst nur Liebe schenken, wenn du dich selbst liebst. Du kannst nur positiv über Beziehungen sprechen, wenn du diese auch so erlebst und eine positive Beziehung zu dir selbst aufbaust. Du kannst anderen nur Mut machen, wenn du genauso mutig immer Neues in dein Leben lässt. Und vor allem kannst du Freude und Glück nur dann schenken, wenn du beides selbst für dich und dein Leben vorsiehst!

*Hier gilt: „**you go first!**"*

Aufgabe

Wo darfst du dir heute gute Gefühle machen, dich noch mehr lieben, dich knutschen und küssen, dich ermutigen und loben, dich lieben?

*„Das, was hinter uns liegt
und das, was vor uns liegt,
sind Winzigkeiten zu dem,
was in uns liegt!“*

Ralph Waldo Emerson

Finde das Universum in dir.

Wir haben alles in uns. In uns haben wir alle Möglichkeiten, alle Ressourcen, alle Chancen, allen Frieden, alle Liebe, alles Lachen, alle Gesundheit für uns und für die ganze Welt. Finde deshalb die Ruhe und den Frieden in dir wieder. Höre wieder zu und erinnere dich – alles, was du für ein wunderbares, erfülltes Leben benötigst, findest du in dir!

Aufgabe

Nimm dir ein paar Minuten Zeit, sitze in Ruhe und lass los. Atme langsam ein und aus. Achte nur auf deinen Atem und finde den Weg zurück zu deinem inneren Universum voller Möglichkeiten! Übe dich darin. Jeden Tag.

„Auf Dinge, die nicht mehr zu ändern sind, muss auch kein Blick zurück mehr fallen."

William Shakespeare

Bleibe mit deiner Energie im Hier und Jetzt.

Deine ganze Energie und Aufmerksamkeit darfst du auf die Dinge richten, die im Hier und Jetzt und in deiner Zukunft stattfinden. Das, was hinter dir liegt ist nicht zu ändern. Lass es in der Vergangenheit und trage nicht den Ballast, irgendwelche Sorgen und Vorwürfe über eventuell „falsche" Entscheidungen in dein Jetzt. Sei da. Jeder Tag ist ein Neustart. Lass es einfach zu. Schenke dir diese Freiheit, dieses „leicht sein".

Aufgabe

Setze heute bei einem Thema, das dich noch immer beschäftigt einen Punkt. Zu einfach? Ich zeig dir wie ... ICH MACHE NUN SCHLUSS MIT „xxx". PUNKT. Geschafft.

*„Nur der mit Leichtigkeit,
mit Freude und Lust die
Welt sich zu erhalten weiß,
der hält sie fest."*

Bettina von Arnim

Mache es dir super leicht.

Viel zu oft gehen wir den harten, schweren Weg. Immer dann, wenn es zu leicht wird, werden wir skeptisch, wir glauben einfach nicht, dass das sein kann. Das gilt für unsere Beziehungen, für unseren Beruf, für die Liebe, das Leben, das Lachen ... Wir sind geprägt von einer Gesellschaft, in der mit Leichtigkeit und Spaß zu leben und zu arbeiten (noch) nicht der höchste Stellenwert beigemessen wird. Genau das ist das Geheimnis. Tue Dinge mit Spaß und Leichtigkeit. Mit Freude. Immer dann, wenn dir etwas besonders leicht fällt, weißt du, dass du auf dem richtigen Weg bist.

Aufgabe

Wo kannst du es dir heute viel leichter machen? Wo kannst du einen Weg wählen, der sich leicht anfühlt? In einem Gespräch, beim Sport, im Büro?

„In der Ruhe liegt die Kraft.“

Konfuzius

Finde wieder Sicherheit und Vertrauen.

Wenn dich das Leben einmal durchschüttelt, du traurig, ängstlich oder verunsichert bist, finde einen Weg, deine Gelassenheit zurückzugewinnen. Atme ruhig und besinne dich auf das, was gut ist in deinem Leben. Auf das, was sicher und stabil ist. Auf das, was „in Ordnung" ist. Auf das, wofür du dankbar bist. Auf einen lieben Menschen. Setze die Situation auch einmal zeitlich in Relation zu all den guten Erfahrungen und positiven Erlebnissen, die du schon gemacht und erfahren hast.

Aufgabe

Wo spürst du heute Sicherheit in deinem Leben? Schreibe dir 10 Dinge auf, derer du dir sicher bist.

„Du bist dort, wo deine Gedanken sind. Sieh zu, dass deine Gedanken da sind, wo du sein möchtest.“

Rabbi Nachman

Anker setzen.

Setze dir positive Anker. Ein Beispiel: Wenn ich in mein Auto einsteige, sehe ich am Schaltknüppel eine pinke Schleife, die mich daran erinnert, welche großartigen Chancen ich schon hatte und ergriffen habe. Dein Anker kann dich auch an eine Situation, an einen positiven Menschen, an ein Kinderlachen usw. erinnern. Hilfreich ist das gerade in Situationen, in denen du aufgeregt bist oder dich nicht wohlfühlst, in denen du schnell etwas brauchst, das dich auf andere Gedanken bringt.

Aufgabe

Wo kannst du dir einen Anker setzen, um dich an etwas zu erinnern, das dich augenblicklich in einen guten State kommen lässt? Wie sieht dein Anker aus? Wofür steht er?

*„Wer alles mit einem Lä-
cheln beginnt, dem wird das
meiste gelingen."*

Dalai Lama

Du hast Schönheit in deinem Leben.

Was ist schön in deinem Leben? Schon jetzt? Heute? Achte an diesem Tag darauf, wo du Schönheit in deinem Leben wahrnimmst. Nimm es dir vor, Schönheit zu sehen. Sage dir: „Heute sehe ich Schönes". Schönheit ist ein frischer Windhauch, ein nettes Wort, 5 Minuten spazieren gehen, ein Lächeln, das du bekommst, ein Lächeln, das du schenkst, eine Tür, die dir aufgehalten wird, ein Witz über den du lachen kannst ...

Aufgabe

Setze dich hin und schreibe dir auf, in welchem Bereich in deinem Leben du heute auf Schönheit achten möchtest. Ist es deine Beziehung, dein Job, dein Garten, die Natur? Wo achtest du heute auf Schönheit?

„Am meisten Energie vergeudet der Mensch mit der Lösung von Problemen, die niemals auftreten werden."

William Somerset Maugham

Bringe dich in einen guten State.

Weißt du um die Dinge, die dir helfen, dich in eine gute Stimmung zu bringen? Die am besten augenblicklich als dein „Retter" im Alltag, dein „Gefühle-Umschalter" funktionieren können? Es kann schon einmal sein, dass uns eine Bemerkung, eine Entscheidung, etwas, das wir sehen oder hören in eine schlechte Stimmung versetzen. Wichtig ist, dass du die Knöpfe kennst, die dich schnell wieder aus dem „Tal der Tränen" begleiten. Was oder wer hilft dir, dich in gute Laune zu versetzen? Was lässt dich lachen? Was macht dir Spaß? Was erfreut dein Herz? Ein Foto, ein Song, ein Geruch? Mach es dir hier nicht zu kompliziert, sondern ganz leicht. Es klappt.

Aufgabe

Schreibe heute 10 Dinge auf, die dich augenblicklich besser fühlen lassen.

*„Nimm dir Zeit zu lachen.
Es ist die Musik der Seele."*

Unbekannt

Lache. Lache viel.

Finde Menschen, mit denen du von Herzen lachen kannst. Ungeschönt, gerade heraus. Laut. Leise. Lachen ist so heilsam. Lachen, richtig lachen, bringt dich in einen Zustand der Leichtigkeit. ... und wenn du nichts zu lachen hast, dann starte mit „Ha“, „Haha“, „Hahaha“. Ziehe dabei deine Mundwinkel nach oben. Bleib so, für mindestens 15 Sekunden. Das Witzige ist: Unser Gehirn weiß nicht, ob wir ihm nur „etwas vormachen“ oder „echt“ lachen. Der Effekt ist der gleiche. Es werden Glückshormone ausgeschüttet und dir geht es gut. Wer fragt da noch, was davor war?

Aufgabe

Du darfst heute mindestens einmal lachen. Erinnere dich: „Ha“, „Haha“ ... ☺

„One of the most sincere forms of respect is actually listening to what another one has to say.“

Unbekannt

Höre zu.

Kennst du das: Du sprichst mit jemandem und du merkst, dass er nicht bei dir ist. Du merkst, dass seine Gedanken ganz woanders sind? Wie fühlt sich das an? Fühlst du dich wertgeschätzt? Mache nicht dasselbe, sondern schenke jemandem heute deine volle Aufmerksamkeit, wenn du mit ihm sprichst. Höre genau auf die Worte, die jemand wählt. Es kann superspannend sein zuzuhören. Spricht derjenige in Bildern, mit Händen und Füßen? Sei achtsam und schenke deinem Gegenüber die volle Wertschätzung.

Aufgabe

Sei heute in einem Gespräch voll bei der anderen Person. Überlege dir dann, wie leicht oder schwer es dir gefallen ist, und wann du abgeschweift bist. Was ist davor passiert? Wann sind deine Gedanken gewandert? Wann sind sie wieder zurückgekehrt zur anderen Person? Wie hast du das gemacht?

„Die gute Zeit fällt nicht vom Himmel, sondern wir schaffen sie selbst; sie liegt in unseren Herzen eingeschlossen."

Fjordor Dostojewski

Fahre die Freuden-Autobahn.

In unserem Hirn ist es ein wenig wie in einem Straßennetz. Straßen, die vielbefahren sind, werden zu Autobahnen, hinterlassen tiefe Spuren. Andere, die wenig benutzt werden, wachsen langsam wieder zu, verblassen und sind kaum zu sehen. Deshalb ist es beim positiven Denken und beim Fokussieren auf das Gute so wichtig, dass wir das REGELMÄßIG tun. Immer wieder. Üben, üben, üben. Achte darauf, dass dein Netz an positiven „Straßen“ im Gehirn ausgeprägt und vielbefahren ist. Evolutionsbedingt sind die „Straßen“ für Angst und Furcht ausgeprägter, deshalb fällt uns ja das Grübeln und Negativ-Denken so leicht. Nur heute hat es wenig Nutzen und blockiert uns eher. Fahre also REGELMÄßIG die Freuden-Autobahn.

Aufgabe

Schreibe dir heute 20 Dinge auf, die du schön findest.

„Eine Welt, die so viel Schönheit zu bieten hat, kann einfach nur gut gemeint gewesen sein.“

Veronika Räß

Finde deinen Ort der Ruhe.

Ein Ort für uns, der uns Frieden und Ruhe gibt, ist heilig. Ein Platz, an dem unsere Seele atmen kann. Eng oder weit. Klein oder groß. Er bietet uns Schutz und schenkt uns Wohlbefinden, lässt uns zu uns kommen, uns spüren. Wir kommen, wenn wir in Ruhe sind, auf ganz andere Gedanken. Wir dürfen uns überlegen, was dieser Ort, dieser Platz für uns ist.

Aufgabe

Notiere dir heute 3 Orte, Räume, Wege, Stellen, an denen du Ruhe findest. Nimm dir davon einen und betrachte ihn genauer: Ist dieser Ort in dir oder im Außen? Wann warst du zuletzt dort? Wann gehst du wieder hin?

„Kinder spielen aus demselben Grund, wie Wasser fließt und Vögel fliegen."

Gustave Flaubert

Höre Kindern zu.

Wir können viel von Kindern lernen. Sie sehen und hören andere Dinge als wir. Sie sind viel wacher. Sie nehmen viel mehr wahr als wir und das mit einer spielerischen Leichtigkeit. Sie haben eine Sicht auf das Leben, die wir längst verlernt haben. Schenke ihnen deshalb ein offenes Ohr. Lerne von Kindern, von deren Spiel, deren Freude und deren Mut, denn sie haben noch nicht verlernt, wie man spielt – wie man lebt.

Aufgabe

Beobachte die Kinder, die dir begegnen, und das nicht mit einer genervten Miene, sondern mit einem offenen Herzen. In gewisser Weise sind sie viel weiter als wir, denn sie sind noch viel mehr bei sich.

„Nur wer erlebt, lebt auch wirklich.“

Chinesisches Sprichwort

Sammle Erlebnisse.

Erlebe Schönes. Was möchtest du schon lange tun? Worauf hast du Lust? Wir alle haben so viel im Kopf, was wir erleben wollen. Warum warten? Schöne Erlebnisse beflügeln die Seele und machen den Horizont weit, weit auf. Wir kommen auf neue Gedanken, werden kreativ, inspiriert und sind außerdem erfreut, weil wir uns etwas „gönnen". Das Leben ist dazu da erLEBT zu werden.

Aufgabe

Schreibe dir 30 Dinge auf, die du noch erleben möchtest und bestimme eines davon, das du noch in dieser Woche anpackst.

„Verlass dich auf dein Herz. Es schlug schon, bevor du denken konntest.“

Unbekannt

Verlass dich auf dein Herz.

Verlass dich bei wichtigen Entscheidungen auf dein Herz. Auf dieses Gefühl, das durchschimmert, wenn der Verstand und die Gedanken für einen Moment ruhen. Häufig treffen wir Entscheidungen rational. Überlegen Argumente für und wider und sind dann oft enttäuscht, weil sich das Gefühl nicht recht einstellen will. Es ist also ganz entscheidend, wieder zu erspüren, was wir fühlen, und unserem Geist und den Gedanken Ruhe zu gönnen, um das zu hören, was uns den für uns richtigen Weg weist, nämlich unser Herz.

Aufgabe

Schule deine Sinne. Achte bei der nächsten Entscheidung einmal darauf, was dein Herz sagt. Atme ein paar Minuten ruhig ein und aus und konzentriere dich auf das Ein- und Ausatmen, auf deinen Brustkorb, der sich hebt und senkt. Und dann frage dich, was sagt dein Herz dir?

„Der, der das Leben in allen Farben, Gerüchen und Geschmäckern zu genießen weiß, der ist glücklich."

Veronika Räß

Nimm das Leben mit allen Sinnen wahr.

Wenn wir essen, essen wir oft ohne zu schmecken. Wenn wir trinken, trinken wir meist nur um des Trinkens willen, nicht um zu spüren, was die kühle oder warme Flüssigkeit mit unserem Körper macht. Das Leben mit seinen Gerüchen und Geschmäckern ist nicht deshalb so bunt, damit für uns alles gleich schmeckt. Es ist so bunt und vielfältig, damit wir die unterschiedlichen Düfte und Nuancen wahrnehmen, bewundern und uns daran freuen.

Aufgabe

Sei heute ein Genießer. Richte dir deine Speisen und Getränke fein und appetitlich an. Nimm die Gerüche bewusst wahr, ja schmecke, rieche, betrachte, höre und taste einmal dein Essen.

„Erfolg hat drei Buchstaben: T U N."

Johann Wolfgang von Goethe

Kleine Schritte feiern.

Zu oft wollen wir zu schnell zu viel und sind dann vom Ergebnis enttäuscht oder eher davon, dass wir mit dem Umsetzen gar nicht erst begonnen haben. Es ist wunderbar, wenn du große Ziele und Wünsche oder Visionen hast. Halte daran fest. Wichtig ist, dass du dir, um loszulegen, kleine Schritte - wirkliche „baby steps" - setzt, von denen du weißt, dass du sie auch ganz sicher erreichen kannst. Es ist erstaunlich, was wir alles schaffen können, wenn wir nur beständig und in kleinen Einheiten an einem Ziel arbeiten. Damit schaffst du es ins TUN.

Aufgabe

Was schiebst du schon lange vor dir her und willst es eigentlich gerne anpacken? Schreibe dir dieses Ziel einmal auf. Überlege dir dann einen kleinen ersten Schritt, der vielleicht 10 Minuten am Tag beansprucht. Wie sieht dieser aus?

"Das, worauf du deine Aufmerksamkeit richtest, dem schaffst du Bestand."

Unbekannt

Fokussiere dich auf das Positive.

So einfach ist das. Du kannst jeden Tag entscheiden, worauf du deine Aufmerksamkeit richten magst. Wähle deine Gedanken sorgfältig und bedacht. Verschwende deine Energie nicht für Dinge, die du nicht willst. Du schaffst ihnen damit nur noch mehr Bestand. Richte deinen Fokus ganz gezielt auf Dinge, die du dir wünschst.

Aufgabe

Überlege einmal, wo richtest du deine Aufmerksamkeit schon einmal auf Negatives und hast erlebt, dass sich die Situation gefühlt verschlimmert? Kannst du dir vorstellen, dass das andersherum genauso funktioniert? Worauf verwendest du heute also deine Energie?

„In den kleinsten Dingen zeigt die Natur ihre allergrößten Wunder."

Carl von Linné

Finde das Echte.

Eine Rose, zart, aus dem Garten, wird immer anders duften, als eine Züchtung für den Großhandel. Diese Intensität, dieser liebliche Duft, der einen ganzen Raum erfüllt, wird immer stärker sein, als ein ganzer Strauß gekaufter Rosen aus dem Supermarkt. Denn diese kleine Rose ist ein Teil der Natur. Die Kraft und Schönheit der Natur können wir zwar nachahmen, sie uns zum Vorbild nehmen und dürfen sie vor allem voller Staunen bewundern und vom Meister lernen ... aber das Echte wird immer ein anderes Gesicht haben. Finde das Echte in deinem Leben wieder.

Aufgabe

Schau dir einmal deinen Alltag an. Wo gibt es hier noch ein Original und wo kannst du wieder das Echte in dein Leben lassen?

„Deine Nahrungsmittel seien deine Heilmittel.“

Hippokrates

Behandle deinen Körper als Tempel.

Achte gut auf die Dinge, die du isst und trinkst. Welche Auswirkungen haben sie auf deinen Körper? Fühlst du dich nach dem Essen wohl? Was tut dir gut? Kennst du die Lebensmittel, die dich wohlig fühlen lassen? Wenn du dir wirklich vorstellst, dass dein Körper ein Tempel ist, wie würdest du ihn dann behandeln und pflegen?

Aufgabe

Achte heute einmal darauf, was du isst und trinkst. Was davon tut dir wirklich gut und was lässt du in Zukunft lieber weg? Iss und trinke (auf Dauer) nur Nahrungsmittel, die dir und deiner Gesundheit, deinem Wohlsein gut tun.

„Aber in der Beschäftigung selbst Vergnügen zu finden, dies ist das Geheimnis des Glücklichen“

Sophie Mereau

Achte auf deine Work-Life-Balance.

Was ich hiermit meine, ist nicht etwa genug „work" und genug „life" zu haben, welche in Balance zueinander sind, sondern, dass du möglichst viel „life" in deiner „work" hast. Wenn wir anfangen, unsere Arbeit zu lieben und mit unserem Tun aufzuleben, dann müssen wir gar nicht so weit kommen, von der einen etwas auf die andere Waagschale zu schippen …

Aufgabe

Hast du genug Leben in deinem Job? Macht er dir Freude? Gehst du morgens gerne aus dem Haus? Checke diese Punkte heute einmal für dich und überleg dir, was du tun kannst, um deine Situation zu verbessern, zu verändern, zu „beleben"? Wie sieht es unter dem Strich aus?

„Lass deinen Geist still werden wie einen Teich im Wald. Er soll klar werden, wie Wasser, das von den Bergen fließt. Lass trübes Wasser zur Ruhe kommen, dann wird es klar werden, und lass deine schweifenden Gedanken und Wünsche zur Ruhe kommen."

Buddha

Wasser marsch.

Wie wohltuend und beruhigend die Wirkung von Wasser ist und wie gut wir dabei „abschalten" können, haben wir alle schon erlebt. Wasser zeigt uns Unendlichkeit, Fülle, Ruhe oder Kraft. Energie oder Entspannung. Vor allem lässt es uns und unsere Seele aber „treiben" und unsere Gedanken zur Ruhe kommen. Wasser hat etwas Tröstliches. Forscher haben belegt, dass uns schon 5 Minuten am Wasser nachweislich gut tun, z.B. reduziert sich unser Stresslevel und unser Herzschlag wird ruhiger.

Aufgabe

Wann warst du zuletzt am Wasser und hast einfach den Wellen zugeschaut? Dem Auf und Ab? Dem Vor und Zurück? Dem Kommen und Gehen?

„Dankbarkeit ist eine der stärksten Kräfte, die wir besitzen. Dabei ist sie kostenlos. Wir können alles verändern, wenn wir dankbar sind."

Veronika Räß

Sei dankbar.

Sei dankbar für einfach alles Gute in deinem Leben. Für alle Kleinigkeiten, für alles, was selbstverständlich erscheint, für alles, was dir große Freude macht. Für alles, was dir ein Lächeln ins Gesicht zaubert. Die Dankbarkeit ist tatsächlich die allerstärkste Kraft von allen. Wenn du schon jetzt viele Dinge, Menschen und Umstände findest, für die du dankbar bist, wirst du bald noch viel mehr in dein Leben ziehen, worüber du dankbar sein kannst.

Aufgabe

Schreibe dir heute 50 Dinge auf, für die du dankbar bist. Du schaffst das!

„Erinnere dich: Über den Wolken scheint immer die Sonne."

Veronika Räß

Walking in the sun.

Raus mit dir. Fange einen Sonnenstrahl ein oder auch zwei oder drei. Halte dein Gesicht in die Sonne und bewege dich draußen. Lächle. Tanke das Licht. Spüre die Wärme. Fühle die Weite. Empfange die Liebe. ... und sollte die Wolkendecke heute zu dicht sein, denke daran: Über den Wolken scheint immer die Sonne.

Aufgabe

RAUS MIT DIR!

*Selbst***LIEBE**

„Jeder Mensch ist ein Wunder.“

Antoine de Saint-Exupéry

Umgib dich mit Menschen.

... wenn der Planet dazu gedacht gewesen wäre, dass du alleine hier wärst, dann wäre es genau so. Von deinem Umfeld kannst du viel über dich lernen. Wer gibt dir das Gefühl, alles schaffen zu können? Wo bekommst du Energie, welche Menschen meidest du? Weißt du auch weshalb? In deinen Mitmenschen und in Gesprächen mit ihnen hast du ein ganzes Lernfeld für deine persönliche Weiterentwicklung. Jeder Mensch trägt außerdem ein ganz besonderes Geschenk in sich, vielleicht kannst du es sehen und ihm helfen, es wieder zu entdecken?

Aufgabe

Achte einmal bewusst darauf, mit wem du dich umgibst. Wem gehst du eher aus dem Weg? Wer ist in deinem Leben und wer war es einmal? Wo kannst du vielleicht auch dein Verhalten so verändern, dass ein Gespräch entspannter wird, und du die Begegnung als Bereicherung erlebst?

„Es ist nicht leicht, Glück in sich selbst zu finden, aber unmöglich, es anderswo zu finden."

Agnes Repplier

Öffne dein Herz.

... für dich. Hör auf, dich ständig zu kritisieren, schlecht zu machen, noch einmal „draufzuhauen". Es reicht jetzt. Gestatte dir, dich mit Fehlern zu lieben. Du bist ein wunderbares Gesamtpaket. So wie Yin und Yang, Oben wie Unten, Laut und Leise ... Das Leben lebt von seinen Dualitäten. Du schadest sonst nur dir selbst. Mach dein Herz heute weit auf. Lass die Liebe zu dir fließen. So viel, wie im Moment geht. Lerne dich zu lieben, und dein Herz ist auch für andere weit offen.

Aufgabe

Schreibe dir heute auf einen Zettel „Liebesentzug" und streiche dieses Wort **dick** *und* ***fett*** *durch. Gerne mehrmals und auf die Rückseite des Zettels schreibst du: „Ich liebe mich", "Ich bin gut, so wie ich bin" ... Den Zettel guckst du dir dann jeden Tag an, du wendest die Seiten. Hin und her. Du endest bei der Seite „Ich liebe mich" und führst ihn zum Herzen.*

„Wenn es dir möglich ist, mit nur einem kleinen Funken die Liebe in der Welt zu bereichern, dann hast du nicht umsonst gelebt."

Jack London

Finde die Liebe in jedem Einzelnen.

Jeder Einzelne von uns Menschen ist liebenswert und trägt Liebe in sich. Geh davon aus. Betrachte jeden mit Liebe, schenke Liebe, wo du nur kannst. Ein liebes Wort, ein Kompliment, ein Lächeln und die Liebe in dem anderen wird sich erinnern, sie wird mehr und mehr zum Vorschein kommen.

Aufgabe

Wo kannst du heute Liebe schenken? Wem kannst du heute ein liebes Wort zusprechen? Finde heute eine Person, der du damit hilfst, die Liebe wieder in ihr Leben zu bringen.

„Behandle dich selbst so, wie du deine Freunde behandelst.“

Veronika Räß

Lobe dich selbst in den höchsten Tönen.

Du kannst andere in den höchsten Tönen loben und empfiehlst deren Leistungen wärmstens weiter? ... mache ab heute dasselbe für dich. Mach den Weg für dich frei. Denn deine Leistungen, du als Mensch, bist genauso empfehlenswert und wertvoll, wie die Menschen, die du so gerne weiterempfiehlst.

Aufgabe

Wo kannst du dir heute ein Lob schenken? Wo kannst du dich heute empfehlen (gerne auch in deinem Kopf)? Weshalb bist du empfehlenswert? Nenne 10 Gründe.

„Gibt es etwas Beglückenderes, als einen Menschen zu kennen, mit dem man sprechen kann, wie mit sich selbst?“

Cicero

Verbringe Zeit mit deinen Lieben.

Unser Leben ist endlich, zumindest das, von dem wir wissen. Wann immer es dir möglich ist, verbringe deshalb Zeit mit deinen Lieben. Nimm dir bewusst Zeit für sie. Plane deine Aktivitäten so, dass Zeit mit deiner Familie immer ausreichend vorhanden ist. Wir wissen heute nicht, wie das Leben nach dem Tod aussieht, nur, dass unser Leben auf der Erde endet. Sammle also so viel „quality time" wie möglich. Natürlich hat manchmal ein anderes Thema Priorität, unter dem Strich darf es sich aber gern die Waage halten. Denn was am Ende zählt sind keine Zahlen, Daten, Fakten, sondern nur, wie viel Liebe du gegeben und bekommen hast.

Aufgabe

Hast du in den nächsten Wochen genug Zeit für deine Lieben eingeplant? Wann kannst du dir für ein paar Stunden Zeit nehmen?

*„Der Körper ist der Überset-
zer der Seele ins Sichtbare."*

Christian Morgenstern

Verwöhne deine Seele.

Was tut deiner Seele gut? Hast du etwas, das sie streichelt? Eine Tasse Tee oder Kaffee, eine Massage, ein Bad, ein schönes Buch, ein Spaziergang? Ein liebes Wort, welches du jemandem schenkst? Ein paar Minuten am Wasser zu sitzen ...? Es ist so wichtig, uns immer wieder auch auf unser seelisches Wohl zu fokussieren. Auch zwischendurch.

Aufgabe

Ganz einfach: Tu deiner Seele heute etwas Gutes! Dir fällt nichts ein? Mach es dir ganz leicht:

Nimm ein Bad, geh an die Luft, bestelle dir eine Tasse feinen Tee oder Kaffee, triff dich mit einem Menschen, den du gern hast, schnupper an einer Blume, blicke aufs Wasser, gehe ein paar Minuten im Wald spazieren. Es gibt so vieles, das dir gut tut und es sind oft die kleinen Dinge, die eine große Wirkung auf uns haben.

„Wenn du deinen Nächsten lieben sollst, wie dich selbst, dann ist es nur angemessen, dass du dich selbst liebst, wie deinen Nächsten."

Nicholas Chamfort

Sei dir selbst der Nächste.

Wenn wir uns selbst nicht der Nächste sind, dann wird es uns schwerfallen, auf unsere Bedürfnisse achtzugeben und unsere Grenzen wahrzunehmen und zu setzen. Fange deshalb jetzt an dir selbst Nächstenliebe zu schenken. Denn, wenn wir uns selbst nicht lieben, dann wird es uns schwerfallen, einen anderen zu lieben. Sei dir selbst der Nächste und liebe alle deine Eigenheiten. Sei diesen aufgeschlossen gegenüber und du wirst diese Offenheit auch anderen schenken können.

Aufgabe

Fällt es dir schwer zu sagen: „Ich liebe mich mit all meinen Eigenheiten, Grenzen und Bedürfnissen?“ Übe dich darin. Sage dir jeden (!) Tag 10 Mal: „Ich liebe mich, genauso wie ich bin“.

„Wenn wir uns nicht annehmen können, wie wir sind, versperren wir uns den Weg zu uns selbst.“

Ernst Ferstl

Vergib dir.

Nimm dich an so wie du bist, genau so. Mit allem, was gestern war. Wir sind so viel damit beschäftigt uns zu kritisieren, für das, was wir besser hätten machen können, anders hätten denken und sagen müssen, für das, was wir besser gewusst hätten, das, was wir nicht getan haben, das, was wir getan haben, für das, wen wir geliebt oder nicht geliebt haben. Das ist Gift für unser System, für unsere Lebensfreude und für unsere Seele. Hör damit auf. Fange lieber an, dich anzunehmen genau so, wie du bist. Du bist du. Wunderbar. Einmalig. Ein schönes Wesen. ***Toll, dass es dich gibt.***

Aufgabe

Nimm dich in den Arm. Schenke dir Sätze wie „Ich bin gut“, „Ich bin Licht“, „Ich bin Liebe“, „Ich bin ein Schöpfer“, „Ich bin ein wunderbares Wesen“, „Ich liebe mich“ UND „Ich vergebe mir!“ Wiederhole ein oder zwei dieser Sätze mindestens 10 Mal.

*Selbst*VERANTWORTUNG

„Erst, wer Verantwortung für sich selbst übernimmt, macht sich auf den Weg zur persönlichen Freiheit!“

Konrad Lorenz

100 Prozent Verantwortung für deine Gefühle.

Übernimm 100 Prozent Verantwortung für deine Gefühle. Wie schnell bist du hier noch bereit die Verantwortung abzugeben? Wie schnell kommen dir Gedanken in deinen Kopf, die jemand anderen dafür verantwortlich machen, wie du dich fühlst? Deine Gefühle entstehen durch die Gedanken, die du denkst. Behalte hier die Verantwortung bei dir und bleibe dadurch handlungsfähig. Du bist für deine Gedanken, deine Gefühle und deine Taten verantwortlich. Übernimm wieder Verantwortung dafür. Solange du dir dessen bewusst bist, kann sie dir niemand nehmen.

Aufgabe

Wobei hast du in den vergangenen Wochen die Verantwortung dafür, wie du dich fühlst abgegeben? Wo kannst du sie dir wiederholen? Überlege für dich, wie das konkret aussieht.

„Wer ehrlich mit sich und seiner Umwelt ist, lächelt dem eigenen Spiegelbild auch gerne zu."

Veronika Räß

Sei ehrlich mit dir und deiner Umwelt.

Wenn du unehrlich mit dir und anderen bist, können Schuldgefühle und ein schlechtes Gewissen entstehen – Mach dich frei davon! Wir können den anderen in Liebe hüllen und dennoch ehrlich miteinander umgehen. Was wir verlieren, ist das unwohle Gefühl, etwas verheimlicht zu haben und nicht ehrlich zu den eigenen Gefühlen gestanden zu haben. Unsere Seele atmet auf, wenn wir ehrlich und authentisch mit uns umgehen.

Aufgabe

Schaue heute einmal auf die vergangenen Tage zurück. Wo hast du eine kleine Notlüge verwendet, wo warst du in Bezug auf deine Gefühle unehrlich und wie ist es dir damit ergangen? Schreibe dir diese Situationen auf und ergänze, wie du dich sonst hättest verhalten können.

„Nicht jede ausgetreckte Hand bettelt, sie kann auch Hilfe anbieten.“

Walter Ludin

Bitte um Hilfe.

Sei nicht zu stolz jemanden um Rat zu fragen oder um Hilfe zu bitten. Wenn du für den Moment nicht mehr weiter weißt, und mit deinen Gedanken nicht mehr auf neue Lösungen kommst, komm ins Tun und bitte einen Freund oder Kollegen um Rat. Sei nicht aus Stolz oder Scham zu blind, die Hand zu sehen, die dir Unterstützung anbietet.

Aufgabe

In welchen Situationen hast du Hilfe vielleicht schon einmal zurückgewiesen, als du sie bitter nötig hattest? Aus Stolz? Aus Furcht? Aus Liebe? Was waren deine Beweggründe, warum du dich alleine „durchgebissen" hast? Wo nimmst du jetzt Hilfe an?

„Früh ins Bett und früh aufstehen macht gesund, wohlhabend und klug."

Benjamin Franklin

Früh aufstehen.

Nicht selten haben erfolgreiche Menschen eines gemeinsam: Sie beginnen ihren Tag sehr früh und haben meist schon viel erledigt, wenn andere zu arbeiten beginnen. Sie schaffen sich Zeit und Raum für Rituale und Routinen. Genau für den Part, der bei dir vielleicht manchmal „hinten runter fällt". Sei es nun ein entspanntes Frühstück, eine Runde Meditation, Sport, die Tasse Tee oder Kaffee auf dem Balkon usw. Ein solcher Start in den Tag ist ein ganz besonderes „Einläuten" oder ein schöner Abschluss. Genau diese Zeit für uns darf uns heilig werden. Sie sollten wir nicht opfern müssen. Steh lieber 5-10 Minuten früher auf.

Aufgabe

Hast du Rituale? Morgens oder abends? Probiere dich aus. Etabliere für dich ein kleines tägliches Ritual am Morgen oder Abend.

„Setze deine Ziele groß genug und die Umstände werden sich nach deinen Zielen richten."

Mahatma Gandhi

Setze dir große Ziele.

Deine Ziele dürfen so groß sein, dass du komplett aus dem Häuschen bist, wenn du sie erreichst. Wichtig dabei: Konzentriere dich immer auf das Ergebnis, nicht auf den Weg und den Prozess. Wie sieht das Ergebnis aus? Wie riecht es? Wie schmeckt es? Wie hört es sich an? „Bade“ immer wieder mit allen Sinnen im Ergebnis und spüre förmlich die Dankbarkeit, dass du es erreicht hast. Hilfreich dabei ist, wenn du das Ergebnis „malen“ kannst. „Glücklich sein“ ist wunderbar, nur woran merkst du, dass du glücklich bist? Was ist dann anders als jetzt? Wo genau ist dann etwas anders? Viel Spaß beim Baden in deinem Ergebnis!

Aufgabe

Hast du große Ziele? Ziele, die dich begeistern? Ziele, die dich umhauen? Male dir ein Zielebild. Mit all den Zielen, die du erreichen willst.

„Freiheit ist, seine eigenen Gedanken zu denken und sein eigenes Leben zu leben."

John F. Kennedy

Mach dich frei.

... frei von allem, was dich beengt. Frei von allem, was du nicht bist. Frei, von allem, was du nicht sein willst. Frei von allem, was du nicht denken willst. Frei von allem, was du nicht fühlen möchtest. Frei von einem Leben, das du nicht führen möchtest. Wähle deine eigenen Gedanken, was und wer du sein willst und führe ein begeistertes Leben!

Aufgabe

Wovon machst du dich heute frei?

„Entspannung ist der Schlüssel zum Erfolg."

Joseph Murphy

Lass den Kopf hängen.

Manchmal hilft dir etwas, das zunächst vielleicht etwas absurd klingt. Gerade, wenn du viel sitzt, mach zwischendurch folgende Übung:

Beuge dich vornüber und lass den Kopf hängen. Das Gewicht des Kopfes lässt den Hals lang werden. Atme ruhig ein und wieder aus. Bleibe so ganz locker für ein paar Atemzüge „hängen". Entspanne dich und finde deine Ruhe und Bewegung für zwischendurch.

Aufgabe

Gönne dir diese kleine Übung von Zeit zu Zeit während des Tages. Wiederhole das Ganze 3 Mal.

„Es heißt nicht SELBSTverantwortung, weil jemand anders etwas dafür kann ...“

Veronika Räß

Übernimm Verantwortung.

... für dein Leben. Jetzt.

Du kannst darin nichts zum Positiven wenden, wenn du nicht die Verantwortung für die Dinge, Menschen und Situationen übernimmst, die in deinem Leben sind. Nur ein Mensch, der verantwortlich IST, kann auch etwas verändern. Höre auf, ein Opfer zu sein. Es ist dein Leben!

Aufgabe

Wo kannst du heute schon mehr Verantwortung übernehmen? In welchem Bereich, bei welcher Angelegenheit? Schreibe dir eine Sache auf.

„Wenn du loslässt, hast du zwei Hände frei."

Chinesisches Sprichwort

Entsorge die Sorgen.

Nicht umsonst steckt das Wort "Sorge" in dem Wort "entSORGEN". Nachdem wir Altes entsorgt, z.B. unseren Keller oder Speicher entrümpelt haben, spüren wir ein Gefühl der Erleichterung. Das gilt ebenso für psychischen Ballast. Wenn wir eine Situation oder einen Menschen hinter uns lassen, der uns nur beschwert hat, lebt es sich einfach viel leichter. Auch so ein schönes Wort, das „beschweren". Ohne Sorgen macht das Leben einfach viel mehr Spaß. ... und ja, es darf immer Spaß machen. Erleichtere dich, heute!

Aufgabe

Was belastet dich? Was lässt du los? In welchem Bereich entsorgst du heute deine Sorgen?

„Du kannst deine Zeit nicht nur mit negativen Menschen verbringen und dann ein positives Leben erwarten."

Veronika Räß

Lade deine Batterien.

Umgib dich mit Menschen, die dir gute Gefühle machen. Sei achtsam, wenn es um deine Zeit geht. Möchtest du diese lieber mit Menschen verbringen, die dir Energie rauben oder mit Menschen, die dir Energie spenden? Bei wem hast du das Gefühl, nach einem Treffen Bäume ausreißen zu können und wann brauchst du den gefühlten Urlaub?

Aufgabe

Achte auf deine Begegnungen, Gespräche und Treffen. Wie geht's dir dabei und danach?

„I'm on mute right now."

Jamal Lewis

Schenke dir MUTE-Zeiten.

Gönne dir eine Zeit, vielleicht ab einer bestimmten Uhrzeit am Abend oder einmal einen ganzen Tag am Wochenende, in der du Handy, Laptop und Co. stumm schaltest. In dieser Zeit guckst du bewusst nicht dauernd auf dein Handy, sondern gönnst dir ein paar Stunden „Handy-FREIE-Zeit". Weg von der „Sofortness", dem Phänomen immer alles sofort beantworten, wissen und erfahren zu wollen. Hin zu Ruhe, Gelassenheit und Erfolg.

Aufgabe

Welche Zeit legst du für dich fest, in der du „on mute" bist?

„Unser Planet hat nicht deshalb so viele Farben, damit wir nur Schwarz und Weiß sehen."

Veronika Räß

Reise und sei offen für andere Kulturen.

Auf Reisen kannst du so viel über diese Erde lernen. Über das Zusammenleben. Wie unterschiedlich es aussehen kann und wie viel Freude andere Kulturen, oft viel ärmere Menschen, am Leben haben. Es ist wunderbar, sich immer wieder klarzumachen, dass dieser Planet von Vielfalt lebt. Nichts muss nur einem Schema F entsprechen. Die Welt ist eine bunte Mischung - Freude und Glück hängen nicht unbedingt mit Geld und Reichtum zusammen.

Aufgabe

Wann hast du dich zuletzt auf Reisen begeben, mit einem Freund aus einer anderen Kultur gesprochen? Dazu musst du nicht unbedingt wegfahren ...

„Auch die Pause gehört zur Musik."

Stefan Zweig

Greife nach den Sternen.

Du arbeitest viel am Schreibtisch und sitzt den ganzen Tag? Mach dich immer mal wieder ganz groß und „greife nach den Sternen“. Strecke dich und greife zunächst mit der einen und dann mit der anderen Hand so weit du kannst nach oben – zu den Sternen eben ...

Aufgabe

Wann greifst du heute nach den Sternen? Mach diese kleine Übung immer einmal wieder zwischendurch.

„Sie brauchen eine klare Vision von dem, was sie tun wollen und sie müssen dranbleiben."

Roger B. Smith

Bringe Dinge zu Ende.

Es liegt eine ganz besondere Befriedigung in dem Erreichen eines Ziels. Das hat eine ganz eigene Magie. Unser Selbstvertrauen macht sofort einen Sprung und wir trauen uns auch größere Ziele zu. Einer der Erfolgsfaktoren von erfolgreichen Menschen ist eben genau das: Sie bleiben IMMER an den selbst gesteckten Zielen dran. Sie entscheiden sich nicht immer um und stehen zu ihrer Entscheidung.

Aufgabe

Bei einem Ziel, das du noch nicht erreicht hast, frag dich einmal, was du getan hast, um es „nicht" zu erreichen. Wie sah deine Strategie dahinter aus? Was kannst du jetzt tun, um es zu erreichen? Was darfst du anders machen? Wo darfst du dranbleiben? Wo fehlt dir vielleicht eine klare Vision?

„Musik wäscht die Seele vom Staub des Alltags rein."

Berthold Auerbach

Listen to some music.

Musik ist eines der effektivsten „Instrumente", um uns in eine gute Stimmung zu versetzen. Ob nun ein Song im Radio, ein Konzert mit Freunden, ein Lied, das du selbst trällerst. Beginne wieder, Musik zu hören und zu machen!

Aufgabe

Höre, gerade nach dem Aufstehen oder am Abend, deine Lieblingsmusik. Laut. Und: Tanze! ... so als sähe niemand zu!

„Tue jeden Tag etwas, vor dem du Angst hast.“

Eleanor Roosevelt

Tue Dinge, vor denen du dich fürchtest.

Wenn du dich weiterentwickeln willst, ist es eine hervorragende Strategie, immer wieder Dinge zu tun, vor denen du dich fürchtest. Immer dann, wenn du an einem solchen Punkt bist, merkst du „hier gibt es noch etwas zu tun". Es geht nun nicht um den nächsten Fallschirmsprung, sondern darum, zu sehen, wo du im Alltag Angst hast. Hier darfst du einmal hinhören und hinschauen. Stelle dich immer wieder kleinen Herausforderungen, denn „Angst ist das Tor zu MEHR".

MEHR Erfahrung, MEHR Erlebnissen, MEHR Gefühl, MEHR Freude, MEHR Bewegung, MEHR Aktivität, MEHR Selbstbewusstsein ... MEHR du. MEHR ich.

Aufgabe

Stelle dich einer Sache, vor der du Angst hast (z.B. einem Gespräch, einer Entscheidung usw.) – in dieser Woche.

„Leben ist Bewegung und ohne Bewegung findet kein Leben statt."

Moshé Feldenkrais

Verlasse regelmäßig deine Komfortzone.

Wir lieben es, in den altbekannten Bahnen zu verharren. Das, was wir kennen, vor dem fürchten wir uns nicht. Unser Hirn liebt es allerdings „auf Trab zu bleiben". Es findet es langweilig, wenn wir nur mehr Gewohntes tun. Für unsere Gesundheit ist es gut, sogar mehrmals täglich, unsere Komfortzone zu verlassen. Es geht darum, sich auf immer neue Situationen einzustellen und so das Gehirn wachzuhalten. Neue Verknüpfungen (Synapsen) entstehen, und das fördert unsere Kreativität, die geistige Beweglichkeit und die Intelligenz.

Aufgabe

Nimm dir für den laufenden Monat mindestens 3 Dinge vor, die außerhalb deiner Komfortzone liegen. Das kann schon das einfache „nach dem Weg fragen" sein, oder - wenn du das sonst nicht tust - dass du einen Menschen, den du nicht kennst, mit einem Lächeln anstrahlst, ein Kompliment machst ...

„Nichts kann dir Frieden geben. Nur du selbst."

Ralph Waldo Emerson

Fange an, Bestätigung bei dir zu finden.

Wenn du weiterhin die Bestätigung für dein Tun, für deine Meinung, für dich selbst in anderen zu finden versuchst, dann wirst du weiter und weiter SUCHEN. Denn dort wirst du sie nicht finden. Du findest sie allein bei dir. Es wird immer jemanden geben, der die Dinge anders sieht als du, der eine andere Meinung hat, der anders denkt, anders fühlt. Willst du dein Leben von diesem Hin und Her abhängig machen? Finde die Bestätigung für alles in deinem Leben in dir und übernimm die volle Verantwortung für dich und deine Entscheidungen.

Aufgabe

Schon heute gibt es bestimmt Situationen, in denen du dich erst gar nicht fragst: Was denken die anderen? Hier bist du dir (deiner) ganz sicher! Notiere dir diese und auch, warum du dir hier so sicher bist. Wie kannst du dieses Gefühl der Sicherheit auf andere Bereiche übertragen?

Die Autorin

Veronika Räß, Pädagogin & Vergleichende Kulturwissenschaftlerin (Univ.), arbeitet als Kommunikationstrainerin und Coach.

Sie berät Menschen im privaten und beruflichen Bereich und unterstützt sie mit ihrer gewinnenden und fröhlichen Art bei deren Weiterentwicklung. In Trainings und Seminaren vermittelt sie ihr Knowhow an Führungskräfte, damit sie ihr volles Potential im Unternehmen - und auch privat - nutzen können. Ihr Arbeitsstil ist geprägt von einer tiefgehenden Freude am Leben.

Veronika Räß' Firma heißt A BIT OF COLOR consulting, weitere Informationen dazu unter: ***www.abitofcolor.de***

Das Buch „Lebensfroh. ... und zwar so – 50 schnelle Wege zu mehr Lebensfreude" entstand im Rahmen ihrer Plattform „Lebensfroh. ... und zwar so" für mehr Lebensfreude, Glück, Gelassenheit, Ausstrahlung und Erfolg.

Näheres unter: ***www.lebensfrohundzwarso.de/buch*** *und* ***www.facebook.com/lebensfrohundzwarso***

Für deine Gedanken, Aufgaben und Ziele

Für deine Gedanken, Aufgaben und Ziele

Für deine Gedanken, Aufgaben und Ziele

Für deine Gedanken, Aufgaben und Ziele

Für deine Gedanken, Aufgaben und Ziele

Anja Witschel

Der Partner stirbt – ist jetzt alles vorbei? Ein Mutmacher auf dem Weg zu neuer Lebensfreude

21 x 14,85 cm / 140 Seiten, mit Farbfotos, 20 €

Durch den plötzlichen Tod des Ehemannes hat die Autorin als junge Witwe auf einmal ihr Leben neu zu ordnen. Wie ihr das gelingt und sie sich trotz dieses Unglücks ihre **Lebensfreude** bewahrt, erfahren Sie in diesem Ratgeber.
Dabei lässt die Autorin den Leser immer wieder nah an sich und das Geschehen heran und macht deutlich, was für eine Herausforderung die Trauerarbeit darstellt. Sie zeigt eindrücklich, wie wichtig es ist, der Trauer bewusst zu begegnen und seine Entscheidung zu treffen - für das **Ja zum Leben**!

Leser, die direkt vom Tod eines nahestehenden Menschen betroffen sind, erhalten hier wertvolle Unterstützung auf ihrem Weg zurück ins Leben. Ebenso bekommt das, in einem solchen Fall oft hilflose Umfeld einen authentischen Einblick in die Situation eines Hinterbliebenen und findet Anregungen für eine konkrete Unterstützung des Trauernden.

Anja Witschel

M: +49 (0)171 280 9442
E: info@anja-witschel.de
W: www.anja-witschel.de
fb: www.facebook.com/neueLebensfreude

Aufgeben ist keine Option!

Weitere Bücher mit Veronika Räß

Alles geben, nur nicht auf!
Die Mutmach-Geschichten von Stephanie Feyerabend

23 x 16 cm / 176 Seiten, mit Farbfotos, 24,90 €

Die **„Mutmach-Geschichten“** ist eine Sammlung von Geschichten über Hindernisse und Herausforderungen, über Scheitern und neue Chancen. Chancen, die sich ohne die Schwierigkeiten wahrscheinlich nie ergeben hätten. Es sind die Geschichten der anderen, die uns Mut machen. Zu sehen, dass wir nicht alleine sind mit unseren täglichen Schwierigkeiten – dass es „da draußen“ noch andere Unternehmerinnen gibt, die ähnliche Erfahrungen gemacht haben, hilft enorm. Deshalb das Buch! **Um anderen Unternehmerinnen Mut zu machen.**

Bestellen über Veronika Räß:
M: +49 (0)179 756 1909
E: info@abitofcolor.de
W: www.abitofcolor.de

Druck:
Canon Deutschland Business Services GmbH
im Auftrag der KNV-Gruppe
Ferdinand-Jühlke-Str. 7
99095 Erfurt